Heidemarie Brosche

Brennpunktschulen

W0320594

Ein ganz herzlicher Dank an Eylem Emir,
die mir mit großer Geduld so vieles erklärt hat
und die nicht müde wird, um Verständnis für die Welt
der jeweils „anderen“ zu werben

Heidemarie Brosche

Der kleine Lehrerflüsterer

Brennpunktschulen

Cornelsen

Autorin:

Heidemarie Brosche ist Hauptschullehrerin und Autorin von Kinder-, Jugend- und Sachbüchern. Sie engagiert sich für die Leseförderung und ein Schulleben, das von Gelassenheit und gegenseitiger Wertschätzung getragen ist.

Aus Gründen der einfacheren Lesbarkeit wird in diesem Buch nur die männliche Form verwendet. Es jedoch sind stets Personen männlichen und weiblichen Geschlechts gleichermaßen gemeint.

Projektleitung: Dorothee Weylandt, Berlin
Redaktion: Katia Simon, Essen
Umschlaggestaltung: Corinna Babylon, Berlin
Illustrationen (Cover und Innenteil): Sarah Humeniuk, Berlin (Figuren), Shutterstock/Magnia (Muster)
Layout und technische Umsetzung: LemmeDESIGN, Berlin

www.cornelsen.de

1. Auflage 2020

© 2020 Cornelsen Verlag GmbH, Berlin

Das Werk und seine Teile sind urheberrechtlich geschützt. Jede Nutzung in anderen als den gesetzlich zugelassenen Fällen bedarf der vorherigen schriftlichen Einwilligung des Verlages. Hinweis zu §§ 60 a, 60 b UrhG: Weder das Werk noch seine Teile dürfen ohne eine solche Einwilligung an Schulen oder in Unterrichts- und Lehrmedien (§ 60 b Abs. 3 UrhG) vervielfältigt, insbesondere kopiert oder eingescannt, verbreitet oder in ein Netzwerk eingestellt oder sonst öffentlich zugänglich gemacht oder wiedergegeben werden. Dies gilt auch für Intranets von Schulen.

Druck: H. Heenemann, Berlin

ISBN 978-3-589-16682-4

PEFC/04-31-1156

PEFC zertifiziert
Dieses Produkt stammt aus nachhaltig bewirtschafteten Wäldern und kontrollierten Quellen.

www.pefc.de

Inhalt

Vorwort zur Reihe

An die Zeit meines Referendariats erinnere ich mich nur ungerne. Sie war schlichtweg scheußlich. Ich meinte es gut und wollte es gut machen, aber ich scheiterte so oft. Vor allem aber fühlte ich mich ständig unter Druck. Die Vision, die ich von mir als Lehrerin gehabt hatte, rückte in weite Ferne. Im Vergleich zu anderen Lehrern fühlte ich mich wie ein Totalausfall. Die konnten es alle besser. Irgendwann teilte ich meinem Seminarleiter, Herrn S., mit: „Ich werfe das Handtuch!" Dass ich das nicht tat, verdanke ich Herrn S. Er flüsterte mir, wie ich mir bis heute vorstelle, dass ein Pferdeflüsterer seelenkranken Pferden flüstert – er flüsterte mir mit genau der Empathie, die ich in diesem Moment brauchte: „Dein Anspruch an dich selbst ist zu hoch!" Und schließlich: „Du wirst eine gute Lehrerin sein!"

Ich glaubte ihm und hielt durch.

Seither sind viele Jahre vergangen. Ob ich eine gute Lehrerin geworden bin, kann ich nicht beurteilen. Was ich aber sehr wohl weiß: dass vieles, was mich damals extrem belastet hat, heute weit weniger stark auf meine Schultern drückt. Dass ich es gelernt habe, mit Herausforderungen besser umzugehen – auch mit den Eigentoren, die ich schieße. Ja, dass ich es jetzt drauf habe, in fast jeder Situation über den Tellerrand des Verzagens zu blicken und immer wieder neuen Mut und neue Energie zu schöpfen.

Mit dieser Reihe **Der kleine Lehrerflüsterer** möchte ich dir, lieber neuer – oder auch nicht mehr ganz so taufrischer – Kollege, ein bisschen Druck aus dem Kessel nehmen. Ich werde Situationen aus dem Schulalltag schildern und mögliche Lösungen anbieten, aber vor allem eines vermitteln: Dass nicht alles gut läuft, ist sowas von normal! Ruhig Blut also!

Ach ja, andere Lehrer sehe ich jetzt klarer – nüchtern, aber auch nachsichtig. Du wirst hier einigen Lehrertypen begegnen, die du so oder so ähnlich in jeder Schule finden kannst.

Meinem Lehrerflüsterer von damals, dem besagten Herrn S., bin ich bis heute dankbar – und möchte mit dieser Buchreihe dir, liebem Leser, Zuversicht und gute Laune spenden. Ohne langatmige Theorie, mit vielen unterhaltsamen Einblicken in die Praxis! Ich verspreche: Du darfst auch über mich lachen.

Lässt du dir etwas von mir flüstern? Ja?! Dann packen wir's an! Ich freu mich drauf.

Herzlich

Heidemarie Brosche

Einführung

Am Anfang meiner Tätigkeit als Lehrerin war mir das, was man „Brennpunktschule" nennt, unbekannt. Dann wurde ich – der Liebe wegen und auf eigenen Wunsch – vom Land in die Großstadt versetzt. Bereits meine erste Schule dort wurde von vielen ausländischen Schülern, wie man sie damals noch nannte, und von solchen mit wenig Geld besucht. Für mich fühlte sich das nicht wie eine Bedrohung an, sondern es weitete meinen Blick. Nicht selten aber war es eben auch eine große Herausforderung.

Ich hatte seitdem oft mit einer Schülerschaft zu tun, die zum einen sehr heterogen, zum anderen oft auch problembeladen war.
Bis heute habe ich das Gefühl, genau hier richtig zu sein, weil es zu dem passt, was mich Lehrerin hat werden lassen: dem Wunsch, Schüler dabei zu unterstützen, ihren bestmöglichen Weg zu gehen – auch gegen diverse Widrigkeiten.
Im Laufe der Jahre allerdings erfuhr und lernte ich immer mehr, was mir half, vieles zu verstehen und mit vielem angemessener umzugehen. Nicht nur einmal habe ich gedacht: „Hätte ich das nur früher gewusst!"

Ganz besonders viel habe ich in jüngster Zeit von Eylem Emir gelernt. Sie leitet die Stadtteilmütter-Gruppe[1] an unserer Schule

1 Das Konzept „Stadtteilmütter" (Träger: Deutscher Kinderschutzbund) versteht sich als Sprach- und Bildungsprogramm. Eine Stadtteilmutter, die in der Regel selbst Migrationshintergrund hat, trifft sich jede Woche mit Müttern mit Migrationshintergrund. Ziel ist, dass diese besser mit dem deutschen Schulsystem und mit der Erziehung ihrer Kinder zurechtkommen. Die Mütter bekommen Hausaufgaben, die sie mit ihren Kindern in der Muttersprache durchführen. Beim nächsten Treffen wird kritisch reflektiert: Was hat gut geklappt?

und eine glückliche Fügung hat uns in Kontakt gebracht. Eylem ist Türkin mit arabischer Abstammung, kam vor 20 Jahren im Alter von 20 Jahren nach Deutschland und ist mit einem Deutschtürken verheiratet. Die beiden haben vier Kinder und Eylem engagiert sich über die Stadtteilmütter hinaus für Integration. In dieser Mission ist ihr interkulturelles Lernen sehr wichtig und sie informiert gerne – auch im Rahmen von Veranstaltungen – über interkulturelle Unterschiede. Ihre Ausführungen kommen deshalb so gut an, weil sie die Theorie mit Beispielen aus ihrem persönlichen Erleben bereichert. Gerade hat sie ihre Ausbildung zur Erzieherin abgeschlossen und ist – das weiß ich aus unseren intensiven Gesprächen – sehr bewandert in vielen Erziehungsfragen.

Übrigens ist in Fachkreisen unumstritten, dass gerade Brennpunktschulen besonderer Unterstützung bedürfen. Wenn an deiner Schule von dieser Unterstützung nichts zu spüren ist, ist dies bitter und macht es für dich und deine Kollegen noch schwieriger. Bemühe dich dennoch, nicht aufzugeben, denn die Schüler an deiner Schule sind an der mangelnden Unterstützung garantiert unschuldig.

Mir geht es hier nicht darum, Maßnahmen und Sanktionen anzupreisen, sondern ich hoffe, dass es mir gelingt, deinen Blick zu weiten und somit der Herausforderung „Brennpunkt" anders zu begegnen. Auf dass es dir und deinen Schülern besser miteinander geht!

Was versteht man unter einer „Brennpunktschule“?

Auf dem Deutschen Städtetag 1979 definierte man Wohngebiete als soziale Brennpunkte, auch Problemviertel genannt, in denen vieles gehäuft auftritt, was sich auf die Lebensbedingungen ihrer Bewohner und damit auf die Entwicklungschancen von Kindern und Jugendlichen negativ auswirkt. Schulen, die von Schülern aus diesen Problemvierteln besucht werden, wurden infolgedessen Brennpunktschulen genannt.

Meist verdanken Brennpunktschulen ihre Entstehung oder Entwicklung dem, was man Ghettoisierung nennt: In bestimmten Wohnvierteln gibt es besonders günstigen, oft genug auch – wenn man ehrlich ist – schäbigen Wohnraum, der einkommensschwache Familien anzieht. Dies wiederum führt dazu, dass einkommensstärkere Familien dort eher nicht (mehr) wohnen (wollen). „Segregation“ ist eine gängige Bezeichnung für diese Entwicklung.

So besuchen allmählich immer mehr Kinder und Jugendliche, die unter wenig günstigen Bedingungen aufwachsen, die zum Wohnviertel/Sprengel gehörige Schule. Dies haben sie gemeinsam. Ansonsten unterscheiden sie sich in vielerlei Hinsicht.

Schüler aus bildungsfernen Familien

Schüler aus bildungsfernen Familien – damit ist gemeint, dass das Umfeld und vor allem die Eltern wenig Bildung erworben haben. Oft stammen letztere selbst aus bildungsfernen Familien und besitzen keinen oder keinen höheren Schulabschluss. Aus ihrer Biografie heraus messen sie Bildung eher wenig Bedeutung bei, Bildung an sich ist meist kein anerkannter Wert in solchen Familien. Manchmal wird auf „Gebildete“ tatsächlich auch herabgesehen, denn das, was denen so wichtig erscheint, wirkt befremdlich. Kinder aus bildungsfernen Familien treffen in der Schule womöglich zum ersten Mal in ihrem Leben auf eine Welt, in der Bildung und Leistungsmotivation eine große Rolle spielen.

Schüler aus prekären Verhältnissen

Hier steht im Vordergrund, dass schwierige, meist auch finanziell schwierige, Verhältnisse in den Familien herrschen. Von langzeitarbeitslosen Eltern über Väter und Mütter mit mehreren Niedriglohn-Jobs kommen so gut wie alle Varianten vor. Das Geld ist schlichtweg immer knapp. Man lebt oft von der Hand in den Mund. Für Kinder aus solchen Familien gehört die Geldnot von klein auf zum Leben, oft auch die Verschuldung. Sie haben sich im Laufe ihrer Kindheit mehr oder weniger gut daran gewöhnt, dass bei ihnen vieles schwierig ist.

Schüler mit Migrationshintergrund

Um Missverständnissen vorzubeugen: Unter „Schülern mit Migrationshintergrund“ verstehe ich all die Schüler, deren Familien vor oder nach ihrer Geburt nach Deutschland gekommen sind. Auch wenn sie einen deutschen Pass haben, auch wenn sie in Deutschland geboren sind, haben zumindest Eltern oder Großeltern

Abschied von der Heimat genommen. Die Sprache, die in der Familie gesprochen wird, ist in vielen Fällen nicht Deutsch. Ist sie es doch, wird sie nicht immer fehlerfrei benutzt.

Nicht selten wachsen Kinder aus diesen Familien auch bildungsfern und/oder prekär auf. Nicht selten aber auch gibt es den großen Wunsch nach Bildung für die Kinder. Sie sollen, wenn schon der schmerzhafte Abschied von der Heimat in Kauf genommen wurde, in der neuen Heimat „etwas Ordentliches" werden. Oft gibt es in diesen Familien auch ein großes Maß an Geborgenheit im Familienverband und mehr oder weniger Wohlstand.

Schüler mit Fluchterfahrung

Hier kommt zum Verlassen des eigenen Landes noch die Belastung des Flüchtens, des Sich-in-Sicherheit-Bringens – vor Krieg, Terror, Not und Aussichtslosigkeit. Manchmal geht die Fluchterfahrung mit Traumatisierung einher.

Gerade in den letzten Jahren werden Kinder aus Familien mit Fluchterfahrung zusätzlich mit gewaltigen Vorbehalten konfrontiert. Im Extremfall haben diese Kinder Schlimmes hinter sich, kämpfen um das Erlernen der deutschen Sprache, erleben mit, welch große Mühe ihre Eltern haben, im fremden Land Fuß zu fassen, leben auf äußerst beengtem Wohnraum und sind in dem Land, das ihre Eltern als Zuflucht ausgewählt haben, Schmähungen und Anfeindungen ausgesetzt.

Der Lehrerflüsterer empfiehlt:

- Verliere bitte nie aus den Augen, dass kein Mensch die Verantwortung dafür trägt, in welche Familie er hineingeboren wird!
- Mach dir immer wieder bewusst, dass auch deine Schüler keinen Einfluss darauf hatten, in welcher Familie, in welchem Land, in welcher Kultur, mit welcher Religion, mit welchem Bildungshintergrund und mit welchem Wohlstand sie zur Welt kamen und nun groß werden!
- Vergiss nie: Wenn du, wenn deine eigenen Kinder in Verhältnisse, die dir „besser" erscheinen, geboren wurden, so ist das nicht dein, nicht deren Verdienst, es war Glück!

Zusammenfassung

Natürlich gibt es Familien, auf die nur eines dieser Merkmale zutrifft, aber – wie schon erwähnt – vieles vermischt sich, ja, es gibt Familien, die bildungsfern sind, prekär leben und Migrationshintergrund mit Fluchterfahrung haben.

Natürlich gibt es unter all diesen Familien solche, die sich mit voller Kraft bemühen, ihr Leben aus eigener Kraft so gut wie möglich zu stemmen. Und es gibt solche, in denen es keinen Halt gibt – weder für die Eltern noch für die Kinder. Es gibt solche, in denen Papa und Mama in mehreren Jobs hart arbeiten und solche, die jede staatliche Unterstützung annehmen, die sie kriegen können.

Dies alles stimmt – und noch viel mehr.
Was bei aller Unterschiedlichkeit, bei aller Heterogenität viele diese Kinder verbindet, ist die Tatsache, dass sie es nicht leicht haben. Dass sie – wie schon erwähnt – ein Problempäckchen mit sich herumschleppen. Auch wenn sich sein Inhalt von Kind zu Kind unterscheidet – die Last ist eindeutig vorhanden! Und wenn Kinder und Jugendliche belastet sind, bringen sie dies mit in die Schule. Noch einmal: Jeder unserer Schüler bringt seine ureigensten Probleme mit!

Und dann treffen all diese unterschiedlich Belasteten in der Schule auch noch aufeinander. So kann es passieren, dass wir Lehrer im Klassenzimmer auf eine bunte Mischung von Schülern treffen, die – trotz des gemeinsamen Nenners „problembeladen" – ganz unterschiedliche Bedürfnisse haben.

Dass dies für uns Lehrer eine Riesenherausforderung darstellt, kann keiner abstreiten.

Verschärfend kommt hinzu, dass Kinder und Jugendliche, die selbst ein Päckchen zu tragen haben, nicht automatisch gut mit den Päckchen der anderen umgehen können und dass sie es oft auch nicht gelernt haben, sich in andere Menschen einzufühlen. So geschieht es immer wieder, dass Schüler X mit Schülerin Y aneinandergerät, weil „die sich so aufführt". Und dass wir Lehrer mit einem versöhnlichen „Akzeptiere sie doch bitte so, wie sie ist." auf Granit beißen.

Leider bietet das Aufeinandertreffen so vieler junger Menschen, die mit persönlichen Schwierigkeiten zu kämpfen haben, auch einen fruchtbaren Nährboden für Mobbing. Ein zweites Leider muss ich ebenso aussprechen: Es hat sich immer wieder gezeigt, dass Lehrer, auch wenn sie noch so engagiert sind, Mobbing oft nicht bemerken. Deshalb hier mein kurzer Appell: Sei aufmerksam! Halte die Augen offen!

Lehrertyp DIE SCHUSSELIGE

Wer sich vor problembeladenen Kindern und Jugendlichen keinen Respekt erworben hat, sollte seine Schusseligkeit möglichst nicht offen zur Schau stellen. Er könnte großem Spott ausgesetzt sein. Wer es aber geschafft hat, Respekt zu genießen, der kann damit rechnen, dass ihm geholfen und er getröstet wird, wenn ihm mal wieder ein Missgeschick passiert.

Illustration: © Sarah Humeniuk, Berlin

Ich bin schon vor einer ganzen Klasse zu Boden gegangen, weil ich im Rückwärtsgehen über meinen neuen Trolley gestolpert bin. Man hat mir ohne Gelächter wieder auf die

Beine geholfen. Ich habe die versprochenen Blätter oder die angekündigte DVD vergessen und es hieß – wohlgemerkt, nachdem ich mich für meine Unzuverlässigkeit entschuldigt hatte: „Macht nichts, wir vergessen doch auch ständig was." Diese Solidarität mit mir und meiner Schwäche hat mir schon oft das Herz gewärmt.

Und schließlich gesellt sich zu allen Herausforderungen noch die, dass die Elternschaft eben auch gemischt ist, was bedeutet, dass die Eltern unserer Schüler nicht als „die Eltern" gesehen werden dürfen.

Der Lehrerflüsterer empfiehlt:

Stell dich darauf ein, dass die Eltern, die dir gegenübertreten, sehr unterschiedlich sind. Vielleicht triffst du in Elterngesprächen auf …

- Menschen, die sich redlich mühen, es aber nicht immer gut hinbekommen,
- überforderte Menschen, die es von Anfang an oder ab irgendwann nicht leicht hatten,
- schwache Menschen, die keinen Halt erfahren haben und ihren Kindern keinen Halt geben können,
- Menschen, die alles mit Füßen zu treten scheinen, was ihnen der deutsche Sozialstaat bietet,
- Menschen, die sich – trotz Info-Veranstaltungen – mit dem deutschen Schulsystem nicht auskennen,
- Menschen, die sprachlich überfordert sind,
- Menschen, die traumatisiert sind,
- Menschen, die wenig Gesprächsroutine haben,

- Menschen, deren Kultur bewirkt, dass ihre Kinder in unserem Schulsystem schlecht zurechtkommen.

ABER bemühe dich trotzdem, nicht nur durch die Negativ-Brille zu blicken. Du kommst auch mit Eltern in Kontakt, die …

- es mit ihren Kindern sehr, sehr gut meinen,
- die deine Unterstützung nur zu gerne annehmen,
- die dankbar sind, wenn du wertschätzend mit ihnen umgehst,
- die anders sind, als du es kennst, aber viel Liebenswürdigkeit ausstrahlen und nach Beziehung lechzen,
- so viel Humor haben, dass du von Herzen mit ihnen lachen kannst …

Lehrertyp DER SENSIBLE

Sensible, empathische Lehrer tun sich in der Regel leichter damit, sich auch in Menschen hineinzuversetzen, die ganz anders als sie selbst sind. Das ist ja das Wesen der Empathie: dass man sich einfühlen kann. So fällt es empathischen Lehrkräften weniger schwer, bei ihrem Gegenüber hinter die Fassade zu blicken.

Illustration: © Sarah Humeniuk, Berlin

Wie kann es in der Welt dieser Schüler aussehen?

„In der Welt dieser Schüler" – vielleicht wunderst du dich über diesen Ausdruck. Natürlich leben wir alle in derselben Welt. Und mit unseren Schülern leben wir sogar im selben Land, ja in derselben Stadt. Und doch kann man in räumlicher Nähe, aber in unterschiedlichen Welten leben, weil so vieles ganz, ganz anders ist.

Noch einmal möchte ich betonen: Selbstverständlich trifft nicht jedes der im Folgenden genannten Merkmale auf jeden Schüler einer „Brennpunktschule" zu.

Aber damit wir die Herausforderungen stemmen können, müssen wir Bescheid wissen, was sein kann. Denn was man kennt, versteht man besser. Und mit allem, was man versteht, tut man sich leichter. Was wiederum nicht nur uns, sondern auch unseren Schülern zugutekommt.

Strukturelle Knappheit

Laut Bildungsforscher El-Mafaalani[2] ist die Welt dieser benachteiligten Kinder dadurch gekennzeichnet, dass vieles knapp ist: Geld und Besitz, Wissen und Bildung, soziale Netzwerke und Anerkennung. Die zentrale Frage ist hier: Was bringt mir das?

Wenn diese Kinder etwas lernen müssen, was in ihren Augen keine direkte Verwendbarkeit hat, sehen sie darin auch kaum Sinn und

2 El Mafaalani, Aladin: Vom Arbeiterkind zum Akademiker. Über die Mühen des Aufstiegs durch Bildung. Konrad-Adenauer-Stiftung e. V. 2014 (http://www.bpb.de/gesellschaft/bildung/zukunft-bildung/205371/bildungsaufstieg?p=all)

sind nicht motiviert, sich mit etwas abzuplagen, was sie „eh nicht brauchen".

Kaum Bildungsanreize

Wir Lehrer werden nicht müde, zu beteuern, wie wichtig Bildung ist. Selbst wenn unsere eigenen Kinder uns da nicht immer zustimmen mögen, so sind wir uns doch alle einig: Bildung ist etwas Wichtiges. Bildung öffnet Türen. Bildung verschafft Chancen.
Viele der Schüler aus der anderen Welt aber wissen nicht so recht, was das soll. Es gibt zu Hause niemanden, der die Zeitung oder ein Buch liest, der sachlich diskutiert, der sich selbst und sein eigenes Handeln reflektiert. Es gibt somit kaum oder gar keine Bildungs- oder Lesevorbilder. Vorgelesen wird schlichtweg nicht! Auch das, was für uns so selbstverständlich ist – nämlich Gespräche innerhalb der Familie, z. B. am Esstisch, – findet kaum statt.

Kleines Weltwissen, dürftiger Wortschatz

Gerade auch durch mangelnde Bildung und mangelndes Bildungsinteresse seitens der Eltern, gerade auch durch das Nicht-miteinander-Sprechen herrscht bei den Kindern oft ein sehr kleines Wissen über die Welt. Wie klein das Weltwissen ist, können wir Lehrer kaum fassen. Und wie dürftig der Wortschatz ist, ebenso.
Wir Lehrer vertun uns immer wieder. Wir denken: Das müssen die doch wissen, das müssen sie kennen, das müssen sie verstehen. – Aber sie tun es nicht!

Ich habe immer wieder Kollegen erlebt, die nicht bedauernd sagten: „Oh, das habe ich falsch eingeschätzt!“, sondern die sich vorwurfsvoll empörten: „Das müssen die einfach wissen.“
Dabei ist es ganz einfach:
Wenn wir mit falschen Voraussetzungen ans Werk gehen, kann das mit unserem Unterricht nicht klappen. Und wenn wir auf nicht vorhandenen Voraussetzungen beharren, verhalten wir uns nicht professionell.

Sprachliche Probleme

Natürlich sind auch die sprachlichen Hürden nicht zu unterschätzen. Und damit meine ich nicht nur die sprachlichen Probleme von Schülern, die noch nicht lange im Lande sind und deshalb die deutsche Sprache nur unzureichend beherrschen.
Dass Schul- und Lehrersprache in der Regel Bildungssprache ist, macht es auch für Schüler, die sich in der Alltagssprache gut verständigen können, schwierig. Denn Bildungssprache wird von Wortwahl und Satzbau her von vielen Schülern nicht verstanden – nicht nur von denen mit Migrationshintergrund.

Auch ich selbst rede immer mal wieder aus Versehen an den Schülern vorbei. Erst kürzlich sagte ich zu einem Mädchen in flapsigem Ton: „In meiner unendlichen Güte tue ich das jetzt für dich.“ Das Mädchen schaute mich ratlos an und fragte: „Was ist ‚Güte‘?“

Der Lehrerflüsterer empfiehlt:

Falls du seine Prinzipien noch nicht kennst – beschäftige dich mal mit dem sogenannten sprachsensiblen Fachunterricht, der auch berücksichtigt, dass sprachliche Schwächen sich in so gut wie allen Fächern negativ bemerkbar machen.[3]

Andere Werte

Was uns Lehrern vielleicht am wenigsten bewusst ist, ist die Tatsache, dass in vielen Familien andere Werte gelten als in unserer recht heilen Mittelschicht-Bildungsbürger-Welt. Wenn wir dies nicht im Hinterkopf behalten und in unserer Kommunikation mit den Schülern berücksichtigen, reden wir an ihnen vorbei.
Hierzu mehr im Kapitel „Besonderheit: Interkulturelles Wissen".

Andere Erziehungsstile

Dass in vielen Familien unserer Schüler nicht unbedingt der autoritative Erziehungsstil gepflegt wird, auf den die meisten von uns setzen, erfahren wir Lehrer vor allem dann, wenn unsere Schüler uns – dank vertrauensvoller Beziehung – ein wenig aus dem Familienalltag erzählen.

3 Brosche, Heidemarie; Hembacher-Sezer, Ruth (Hrsg.): Kultur- und sprachsensibel unterrichten. Auer 2018.

Im Laufe meines Lehrerlebens hatte ich schon recht oft mit einer Mischung aus „das Kind in vielem gewähren lassen" und „manches plötzlich extrem ahnden" zu tun. Die Schüler erzählten mir das natürlich meist, ohne es kritisch zu hinterfragen. Bei ihnen war es einfach so, dass sie vieles durften und wenige Grenzen erfuhren, dass aber fast schon willkürlich drastische Maßnahmen ergriffen wurden, wenn die Eltern sich gestört oder blamiert fühlten.

Dass es für solche Schüler nicht leicht ist, sich auf die Methode „klare Regeln, klare Grenzen, wertschätzende Worte" einzulassen, ist verständlich. Sie sind zunächst einmal erstaunt über unsere Art zu erziehen. Wenn es dumm geht, nehmen sie sie noch nicht einmal ernst, sondern machen sich darüber lustig.

Lehrertyp DIE DURCHGREIFERIN

Es kommt deshalb immer wieder vor, dass genau der „harte" Lehrertyp, dessen Ziel es ist, seine Schüler schnell „im Griff" zu haben, von diesen Schülern besonders gut akzeptiert wird, weil er nicht lange fackelt, nicht lange redet, sondern klar Stärke demonstriert. Dass er das Gefühl von Fairness vermittelt, ist dabei extrem wichtig.

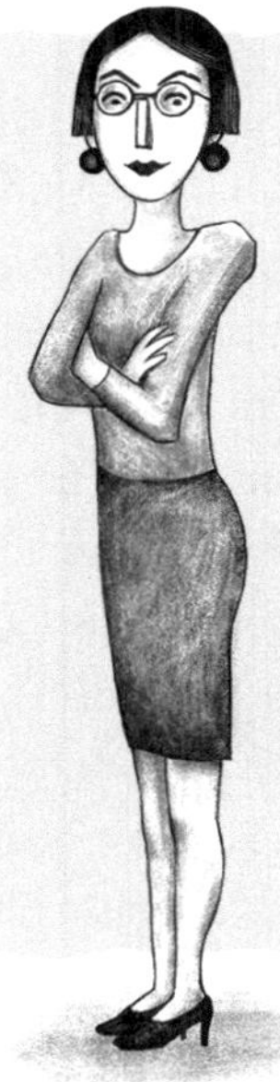

Illustration: © Sarah Humeniuk, Berlin

Auch ich erkenne durchaus an, wie gut durchgreifende Lehrer mit schwierigen Klassen zurechtkommen können. Die langfristige Wirkung von Drill und Strafen aber zweifle ich heftig an. Meiner Meinung nach lohnt es sich auch bei Schülern wie den geschilderten, auf Klarheit, aber auch auf Wertschätzung und Vernunft zu setzen. Bis man die Schüler von diesem Erziehungsstil überzeugt hat, dauert es eine Weile, was sich sehr, sehr anstrengend anfühlen kann, aber die Wirkung ist nachhaltiger. Die Schüler haben nämlich am Vorbild gelernt, dass es auch anders geht als mit „law and order", und diese Erfahrung können sie mit in ihr Leben nehmen.

Andere Freizeitgepflogenheiten

Wer beengt lebt, kann sich zu Hause notgedrungen wenig austoben und neigt dazu, vor dem Fernseher, dem PC, der Konsole oder mit dem Handy abzuhängen. Wer wenig Geld hat, ist eher kein Mitglied in Sportvereinen und lernt eher kein Instrument. Wer in einer bildungsfernen Familie groß wird, bekommt eher keine Anregungen für Freizeitbeschäftigungen, die wir Lehrer als sinnvoll ansehen. Und wer in einer Familie lebt, in der kaum Kommunikation, dafür aber Streit und dauerangespannte Stimmung herrschen, bleibt eher nicht gerne zu Hause. Gerade für Kinder und vor allem Jugendliche aus Familien, in denen die Beziehungen eher instabil sind, ist die Peergroup sehr wichtig. Mit den Freunden zu chillen, herumzuziehen, zum Shoppen oder in Fastfood-Restaurants zu gehen – all dies wird oft als schönste Freizeitbeschäftigung angesehen. Da die Kids meist unter sich bleiben, bekommen sie auch selten neue Anregungen.

Anderer Geschmack

Oft stellen wir auch fest, dass unsere Schüler geschmacklich anders drauf sind als wir – ob es sich um martialische Tattoos handelt, um Nägel, für die im Nail-Design-Studio ein Vermögen ausgegeben wurde, oder um Traumautos, die wir selbst als peinlich großkotzig betrachten.
Auch was das Kulinarische betrifft, ist der Geschmack nicht unbedingt synchron: „Geh ma Burger-Lokal!" als Verheißung eines tollen gemeinsamen Essens ist nicht unbedingt die Welt vieler Lehrer.

Wechsle mal die Perspektive!

Ehe du verständnislos bis abfällig den Kopf schüttelst angesichts all des Anderen, stell dir einfach mal vor,

- wie du – die du mit Tattoos nichts am Hut hast – zum ersten Mal im Leben ein Tattoo-Studio betrittst, zum Beispiel zu Recherche-Zwecken,
- oder wie du – die du deine Nägel immer kurz geschnitten trägst – in einem Nail-Design-Studio um einen Gutschein für eine Bekannte bittest.

Spürst du alleine bei der Vorstellung das Gefühl der „fremden Welt", ja, auch der Unsicherheit?!
Auch umgekehrt wird ein Schuh draus: Unsere Schüler überkommt das „Fremde-Welt-Gefühl" eben bei vielem, was uns vertraut ist.

Der Lehrerflüsterer empfiehlt:

- Mach dir bewusst, dass die sozialen Barrieren sich verändert haben. Waren früher Bildung, Aufstieg und Erfolg nur für wirklich Privilegierte zugänglich, kann heute jeder – unabhängig von seiner Herkunft – alles werden. Rein theoretisch! Praktisch prägt all das, was er seit frühester Kindheit an Habitus – so nennt Bourdieu[4] Denk- und Handlungsmuster – erworben hat, das gesamte spätere Leben. Es ist verflixt schwierig, sich davon zu lösen! Talent und Fleiß sind bei weitem nicht alleine für den Erfolg verantwortlich!
- Wenn du dies verstanden hast, verstehst du bestimmt auch besser, warum so viele deiner Schüler als Rapper, Schauspieler oder auf ähnliche Weise reich und berühmt werden wollen: Dies ist eine – in unzähligen Casting-Shows demonstrierte – Möglichkeit, den Aufstieg auch ohne das für sie fremde Bildungsbürger-Gehabe zu schaffen. Bitte verachte sie nicht dafür!
- Nimm bitte auch zur Kenntnis, dass laut Studien der Leistungsunterschied zwischen Schülern bildungsferner und privilegierter Familien während der Sommerferien messbar größer wird!
- Informiere dich auf der Website des Sinus-Instituts, das sich mit sozialen Milieus beschäftigt! Hier bekommst du immer wieder wertvolle Informationen.

4 Bourdieu, Pierre: Die feinen Unterschiede. Kritik der gesellschaftlichen Urteilskraft. Suhrkamp 1987.

- Gestehe zu, dass Kinder „aus dem Brennpunkt“ sozial benachteiligt sind – auch dann, wenn sie das neueste Handy haben. Das eine hat nichts mit dem anderen zu tun!

Wechsle mal die Perspektive!

Steig herab von deinem hohen Ross des Bildungsbürger-Menschen und bedenke:

- Es ist ein großes Glück, dass du in einem Land und einer Familie groß geworden bist, die es dir ermöglicht haben, eine Schule zu besuchen, zu studieren und Lehrer zu werden, selbst wenn alles nicht einfach war.
- Wenn dir der Gedanke schwerfällt, besinne dich auf die kleine Geschichte, die schon so oft erzählt wurde: Bräche man die Welt proportional auf ein Dorf von 100 Einwohnern herunter, so
  - lebten 80 in minderwertigen Unterkünften,
  - wären 70 Analphabeten,
  - würden 50 an Unterernährung leiden,
  - besäße einer einen Computer,
  - hätte einer einen Universitätsabschluss.

Siehst du, wie relativ all das ist, was wir als selbstverständlich betrachten?! Siehst du, wie viele Menschen all das kein bisschen als selbstverständlich betrachten können, was uns so vorkommt, als stünde es uns zu?!

- Stell dir vor, DU seist es, der in eine Familie hineingeboren wurde, die so ganz anders ist als alles, was du kennst! Stell dir vor, dein Kind sei es! Wie würdest du, wie würde dein Kind dann wohl in der Schule antreten?

Besondere Erfahrungen, besonderes Wissen

Und jetzt musst du ganz stark sein: Es ist äußerst wahrscheinlich, dass deine Schüler dir in mancher Hinsicht überlegen sind. Sie haben in ihrem Leben und durch die Besonderheiten dieses Lebens schon so viele Erfahrungen gemacht, die du nie machen konntest. Sie haben so viele Herausforderungen gestemmt, die du nie stemmen musstest. Sie können manches schlichtweg besser als du. Das können die unterschiedlichsten Dinge sein:

- mit Natur und Tieren umzugehen – weil sie im Heimatland auf einem Bauernhof auf dem Lande lebten,
- unter widrigen Bedingungen zu überleben – weil sie schon oft Hunger, Armut und Bedrohung erleiden mussten,
- nicht durchzudrehen trotz schlimmster Situationen – weil sie so oft mit Stress in der Familie konfrontiert waren,
- Geheimnisse zu wahren – weil sonst die Familie oder ein Familienmitglied in Gefahr geraten wäre,
- trotz vieler Widrigkeiten in der Familie und/oder unter Freunden zusammenzuhalten – weil dieses Fundament nicht auch noch wegbrechen darf …

Das Bittere: Vieles von dem, was für die Schüler tatsächlich eine Leistung war und ist, erfährt in der Welt der Schule keine oder kaum Wertschätzung. Ja, noch nicht einmal Interesse!

Wechsle mal die Perspektive!

Wenn du den letzten Punkt aufmerksam gelesen hast, dann versuche mal nachzuspüren:

- Wie groß ist deine eigene Leistung in Bezug auf das Gelingen deines Lebens?
- Und wie groß ist die deines Schülers angesichts all der Dinge, die er schon bewältigt hat?

Die goldene Regel

Egal, wie fremd dir die Welt deiner Schüler ist – deine Aufgabe ist es nicht, „die da" irgendwie zu überstehen, sondern deinen persönlichen Beitrag dazu zu leisten, dass die Schüler in deiner bzw. der Welt der Schule bestehen, wachsen und erfolgreich sein können. Sieh dies als deinen Beitrag zur Bildungsgerechtigkeit an! Bitterkeit, Selbstmitleid, Empörung und Arroganz haben hier nichts zu suchen! Das Bemühen um Wertschätzung sehr wohl!

Wie können wir Lehrer die Herausforderungen stemmen?

Unterschiedlichkeit im täglichen Leben

Da wir uns oft nicht vorstellen können, wie es in anderen Welten aussieht, gehen wir ganz automatisch von dem aus, was wir kennen und was für uns selbstverständlich ist. Dabei kommt es immer wieder vor, dass wir auf etwas aufbauen, was schlichtweg nicht da ist. Das aber, was da ist, übersehen wir. Wir holen die Kids nicht da ab, wo sie sind, sondern wo (wir annehmen, dass) sie sein müssten!

Der Lehrerflüsterer empfiehlt:

- Tu deine Arbeit im steten Bewusstsein von der Unterschiedlichkeit der Welten!
- Nutze alle Möglichkeiten, Einblick in die anderen Welten zu bekommen – durch Lektüre, durch Gespräche, vor allem auch mit deinen Schülern!
- Pass deine Anforderungen und Erwartungen an!

Ganz besonders eklatant werden mir die zwei Welten immer bewusst, wenn es ums Lesen geht:

- *Vorlesen von klein auf in unserer Welt CONTRA keinerlei Vorlesen in der Welt vieler Schüler*
- *Lesende Erwachsene, Lesestoff unterschiedlicher Ausprägung im Familienleben unserer eigenen Kinder CONTRA*

keinerlei Leseanregungen und Lesevorbilder in der Welt vieler Schüler

- *Lesen als etwas Wunderbares, Wichtiges in unserer Welt CONTRA Lesen als etwas Fremdes, Unwichtiges, Unerfreuliches in der Welt vieler Schüler*

Immer wieder erlebe ich, dass Kollegen sagen: „Die müssen ihren Kindern einfach vorlesen!" oder genervt aufstöhnen: „Bei denen gibt es ja keine Bücher!" Ich bin überzeugt davon, dass dies kontraproduktiv ist, denn wer so denkt, tritt mit einer Haltung an seine Schüler heran, die ihnen vorwirft, dass sie so groß werden, wie sie es tun.

Wenn wir uns das Unterschiedliche nicht vorstellen können, predigen wir etwas, was in den Schülern das Gefühl auslöst: Aber „bei uns" ist es ganz anders. Wenn wir sensibel dafür sind, passen wir unsere Äußerungen eben auch sensibel an.

Der Lehrerflüsterer empfiehlt:

Es ist ein großer Unterschied, ob ich die Schüler spüren lasse: „Bei euch ist es so, aber das ist falsch. Und ich erkläre euch jetzt, warum es falsch und was richtig ist." Oder ob ich sage oder spüren lasse: „Bei euch ist es so und bei mir/uns ist es so. Wir können uns ja mal gegenseitig davon erzählen und dann gemeinsam darüber nachdenken." Im ersten Fall wird bewertet bzw. abgewertet, im zweiten Fall wird zum Reflektieren angeregt.

Psychische Belastungen

Selbstverständlich nicht alle, aber auch nicht wenige der Schüler, von denen ich hier spreche, haben seit langem oder kurzem – im Extremfall schon immer – psychische Belastungen auszuhalten, die wir uns nur annähernd vorstellen können. Da wir die Personen sind, die tagein, tagaus mit unseren Schülern zusammentreffen, interagieren und kommunizieren, dürfen wir diese Belastungen der Schüler nicht als lästige Heimsuchungen in unserem Lehreralltag sehen, sondern wir müssen genauer hinschauen.

Der Lehrerflüsterer empfiehlt:

- Wenn du bei einem Schüler das Gefühl hast, dass es ihm nicht gut geht, zieh in Erwägung, dass ihn eines oder mehrere der folgenden Probleme belasten könnten:
  - ein aktueller Beziehungsabbruch – vielleicht nicht der erste,
  - Geldsorgen und/oder Arbeitslosigkeit in der Familie,
  - Süchte, wie Drogen-, Alkohol- und Spielsucht, in der Familie,
  - Delinquenz in der Familie, die vielleicht sogar dazu führt, dass ein Eltern- oder Geschwisterteil für längere Zeit ins Gefängnis muss,
  - eine Bindungsstörung, die auf die frühe Kindheit zurückgeht,
  - eine Traumatisierung …

- Lass es nicht bei deinen Vermutungen bewenden, sondern versuch dich durch Gespräche, Fachliteratur schlauer zu machen!
- Ziehe Experten, z. B. Schulsozialpädagogen oder Schulpsychologen, hinzu!
- Verlier nie aus dem Auge, dass du hier der Mensch sein kannst, der durch seine Aufmerksamkeit einem jungen Menschen enorm bis existenziell hilft!

Immer wieder habe ich in persönlichen Gesprächen mit Schülern erfahren, wie sehr es auch eine Belastung sein kann, Sehnsucht nach der Heimat, nach zurückgelassenen Familienangehörigen und Freunden zu haben. Wie sehr gerade Schüler, die erst als Jugendliche ihr Land verlassen haben, darunter leiden, durch Migration oder Flucht aus ihrem Umfeld gerissen worden zu sein. Dass sie das durchaus auch ihren Eltern übelnehmen. Diesen Schmerz können wir Lehrer nicht lindern. Aber wir können zumindest ein Bewusstsein in uns tragen, dass es ihn gibt.

Zerrissenheit der Schüler zwischen der Welt der Eltern und der Schule

Wie belastend sich das für Schüler anfühlen kann, wenn Schule und Elternhaus konträre Dinge wichtig und richtig finden, kann sich annährend vorstellen, wer selbst schon hin- und hergerissen war.

Tatsache ist, dass wir Lehrer in der Regel unsere Welt und die dort geltenden Regeln als die richtige ansehen. Wir sehen die Unantastbarkeit der Würde des Menschen als selbstverständlich an, für uns sind Männer und Frauen gleichberechtigt, Beziehungen, auch Ehen, werden geschlossen, weil beide Partner dies so wollen, und selbstverständlich wird bei uns zu Erziehungszwecken nicht geschlagen.

Wenn es nun aber so ist, dass in den Familien unserer Schüler anderes gilt, wenn dort Ehen angebahnt, Schläge in bester Erziehungsabsicht verteilt und Gleichberechtigungsbestrebungen mit Füßen getreten werden, dann ist die Diskrepanz für die Kids aus diesen Familien schwer auszuhalten.
An Menschenrechte und Gesetze muss sich jeder halten! Aber was sollen die Kinder tun, wenn die Eltern im Gewohnten feststecken? Was, wenn die Eltern es ihren Kindern extrem verübeln, dass sie sich lösen wollen?

Wechsle mal die Perspektive!

- Erinnere dich selbst an Situationen, in denen du hin- und hergerissen warst. Wie hast du dich gefühlt?
- Erinnere dich vor allem an Momente, in denen du dich sozusagen zwischen zwei Menschen, die du sehr mochtest, zumindest aber zwischen deren Erwartungen, entscheiden musstest. Wie hast du dich gefühlt?
- Und jetzt mach dir bewusst: Unsere Schüler haben nicht die Entscheidung dafür getroffen, sich in zwei Welten zu bewegen. Und trotzdem müssen sie mit den Folgen leben.
- Würdige auch die Anstrengung bzw. Leistung, die dahintersteckt, die Zerrissenheit auszuhalten!

Gerade unter diesem Gesichtspunkt der Zerrissenheit ist die ganz besondere Bedeutung der Peergroup verständlich. Viele der Freunde verstehen eben, was es heißt, sich zerrissen zu fühlen.

Problematik des Aufstiegs in die andere Welt

Zu einem großen Denkfehler neigen wir Lehrer: Wir wollen gerne glauben, es sei den Schülern viel mehr schulischer Erfolg möglich, wenn sie nur fleißig und diszipliniert genug wären. Wenn sie nur wollten. Wenn sie sich nur anstrengen würden. Wenn sie nur auf unseren Rat hören und zum Beispiel …

- mehr lesen,
- besser lernen,
- rechtzeitig ins Bett gehen würden.

Wir denken dies, weil es bei uns eben so funktioniert. Dass es gewaltige Hürden geben kann, die unsere Ratschläge nicht fruchten lassen, können wir uns nicht vorstellen.

Lehrertyp DER SOZIALARBEITER

Illustration: © Sarah Humeniuk, Berlin

Gerade Lehrer, die das Unterstützen mehr als das Unterrichten im Fokus haben, sind oft getrieben von dem Willen, die Schüler nicht nur aus ihren Schwierigkeiten herauszuholen, sondern ihnen auch via persönliche Stärkung und mehr Bildung den Weg in die „andere Welt" zu ermöglichen. Manchmal gelingt es, und dann ist es einfach wunderbar. Nicht selten sind die Widrigkeiten so groß, dass der ersehnte Erfolg ausbleibt. Hier besteht die Gefahr, dass der Lehrer als rettender Engel ausbrennt und am Ende die Flügel hängen lässt. Deshalb ein klarer Appell: Wenn auch gerade an Brennpunktschulen „der Sozialarbeiter" ein reiches Betätigungsfeld findet und viel Gutes erreichen kann – die professionelle Distanz muss gewahrt bleiben! Und die Erwartungen dürfen nicht zu hoch sein!

Was aber noch viel schlimmer ist: Wir denken, dass wir, die wir so viele Stunden mit unseren Schülern verbringen, erkennen können, was in ihnen steckt.

Ich kenne nicht wenige Lehrer, die sich sicher sind, eine Diagnose und Prognose hinsichtlich ihrer Schüler stellen zu können. Sie sagen:

- *„Der ist dumm!"*
- *„Die kann das Abitur niemals schaffen!"*
- *„Der hat von zu Hause nicht viel mitbekommen."*
- *„Die kann froh sein, wenn sie einen Ausbildungsplatz findet."*

Der Lehrerflüsterer empfiehlt:

- Geh solchen Kollegen nicht auf den Leim! Nur weil sie so selbstsicher auftreten, müssen sie noch lange nicht im Recht sein.
- Bedenke, dass schlechte Noten in Leistungsnachweisen nicht so viel aussagen, wie viele Lehrer meinen!
- Bedenke, dass das, was Menschen an Leistung zeigen, immer nur das ist, was sie im Moment zeigen! Unter anderen Umständen – wenn sie keinen Kummer haben, wenn sie nicht unter einer psychischen Verstimmung leiden, wenn sie durch die Pubertät durch sind … – können sie plötzlich deutlich mehr leisten.

● Bedenke, dass Menschen ihr Potenzial nicht ausschöpfen können, wenn eine Last auf ihrer Seele liegt, dass das Potenzial aber dennoch da ist!

Folgendes Ergebnis der Bildungsforschung hat mich persönlich sehr aufgewühlt: Lehrer erkennen in der Regel eben nicht, ob Kinder aus einer anderen Welt begabt sind. Bei zahlreichen Menschen, die den Aufstieg geschafft, die die Welten gewechselt haben und deren Begabung inzwischen außer Frage steht, wurde diese Begabung von keiner Lehrkraft an der Schule gesehen!

Mehrmals hatte ich in den letzten Jahren dank eines pädagogischen Projekts die Gelegenheit, Schüler näher kennenzulernen, die sich für ihre Lehrer als „Totalversager" darstellten. Und mehrmals konnte ich Zeugin von und Unterstützerin bei etwas werden, was sich keiner hatte vorstellen können. Es kam ein enormes Potenzial zum Vorschein, als sie sich öffneten, als es ihnen besser ging und als sie langsam gelernt hatten, an sich und ihre Stärken zu glauben.

Ein weiterer Fehlschluss von uns Lehrern: Wir denken, es müsse sehr schön für unsere Schüler sein, den Aufstieg zu schaffen. Sie und ihre Familien müssten stolz sein.
Dabei kann es sein, dass sich während des Aufstiegs alles entwertet, was zum bisherigen Leben gehört hat, dass es schwierig und sogar schmerzhaft ist, die eigene Welt zu verlassen und sie plötzlich aus der Warte der anderen Welt, die lange Zeit die fremde war, zu betrachten.

Wechsle mal die Perspektive!

Kannst du dir vorstellen, wie es sich anfühlt, wenn dir plötzlich bewusst wird,

- wie schlecht deine Eltern sich sprachlich ausdrücken,
- wie gering ihre Bildung ist,
- wie unbeweglich sie in ihrem Denken sind,
- wie eingeengt ihr Sichtfeld ist,
- wie wenig sie über Kultur wissen …?

Kannst du nachfühlen, was das für ein Mix aus Gefühlen ist, der so entsteht? – Scham, Genervt-Sein, Überlegenheit, wachsende Distanz usw.

Bewusstsein der Wichtigkeit von Zuwendung, Beziehung, Wertschätzung und Halt

Wir neigen dazu, von unseren Bedürfnissen oder denen der Kinder aus unserer Welt auszugehen. Wir wissen um die Bedeutung von Wertschätzung, aber wir können nicht glauben, wie sehr Kinder und Jugendliche nach Zuwendung, Beziehung, Wertschätzung und Halt lechzen, die davon sehr wenig bekommen haben.
Wenn wir uns das bewusst machen, können wir in allem, was wir unseren Schülern in dieser Richtung „schenken", etwas Positives sehen und müssen nicht genervt aufstöhnen.

Der Lehrerflüsterer empfiehlt:

Wenn du dich mit Resilienz beschäftigst, erfährst du, dass im Extremfall ein einziger Mensch dazu beitragen kann, dass ein Kind oder Jugendlicher auch unter sehr ungünstigen Umständen einen guten Weg einschlägt.

- Bedenke, dass DU dieser eine Mensch sein kannst, auch wenn du es vielleicht nie erfährst!
- Lies regelmäßig zum Thema „Resilienz“. Es wird dich in deiner Arbeit bestätigen und dir gut tun!
- Die Bildungsforschung hat ergeben, wie sehr Mentoren, soziale Paten und Lehrer, die sich Zeit nehmen, Schülern aus schwierigen Verhältnissen gut tun können!

Seit mir dies bewusst ist, sehe ich nicht nur Schülerverhalten, sondern auch meine eigenen Bemühungen anders. Wenn etwas nicht gut gelaufen ist, wenn keine gute Leistung erzielt worden ist – auch dann, davon bin ich überzeugt, habe ich Zuwendung geschenkt, an der Beziehung zum Schüler gearbeitet, Wertschätzung und Halt gegeben. Das Negativ-Gefühl „Alles ist vergebens!“ beschleicht mich seither viel seltener.

Möglichkeit von Fehlinterpretationen

Da wir oft so wenig aus der Welt unserer Schüler wissen und uns vieles auch nicht vorstellen können, deuten wir Verhaltensweisen gerne so, wie es aus UNSERER Sicht gegeben scheint. Damit tun wir Schülern oft Unrecht, beschädigen die Beziehung und belasten das gemeinsame Arbeiten. Hier nur drei Beispiele dafür:

Das nehmen wir wahr	**So interpretieren wir**	**So könnte es auch sein**
Der Schüler ist müde.	Er geht zu spät ins Bett.	Seine Lebensverhältnisse lassen ihn nicht gut schlafen.
Der Schüler ist geistig abwesend.	Er interessiert sich nicht für unseren Unterricht oder kann ihm geistig nicht folgen.	Er hat Probleme, die ihm die Konzentration rauben.
Der Schüler ist auf Krawall gebürstet.	Er ist respektlos.	Er wurde so sehr seelisch verwundet, dass er dies in seiner Not an uns rauslässt. Auch deshalb, weil er sich bei uns sicher vor Gewalt fühlt.

Einmal sprach ich mit einer Kollegin, die zu ihren Schülern ein gutes, manchmal kumpelhaft zu nennendes Verhältnis hat. Sie berichtete mir entsetzt über eine Schülerin, die in ihrem Unterricht mit so leerem Gesichtsausdruck gesessen sei, dass man nur sagen könne: „In diesem Hirn spielt sich nichts ab!" Zufällig wusste ich sehr gut über die Hintergründe Bescheid und konnte mir vorstellen, was es mit dem Gesichtsausdruck des Mädchens auf sich hatte. Dieses Mädchen hatte ein derartiges Riesenpaket an Problemen zu ertragen, dass es sich in der Schule ausklinkte und nur noch körperlich vorhanden war. Aufgrund der Schweigepflicht sagte ich nur: „Du weißt nicht, was bei diesem Mädchen los ist, und das ist nicht dein Fehler.

Aber zieh bitte aus dem, was du siehst, keine voreiligen Schlüsse! Damit tust du ihr bitter Unrecht." Die Kollegin hatte die Größe, meine freundliche Standpauke nicht übelzunehmen und ich hoffe inständig, dass sie die Botschaft nie vergisst.

Lehrertyp DER KUMPELHAFTE

Kumpelhaft – das kann so und so ankommen. Nur mit „Kumpelhaftigkeit" kommt man an Brennpunktschulen nicht zurecht. Aber wenn es sich für die Schüler anfühlt wie „Er ist noch jung.", „Er ist wie wir." oder „Er versteht uns.", dann kann das ein großer Pluspunkt sein. Wer für die Schüler ein Kumpel sein möchte, muss darauf achten, dass er sich den Respekt immer wieder erarbeitet. Manchmal kann auch ein kumpelhafter Lehrer es an Empathie mangeln lassen.

Illustration: © Sarah Humeniuk, Berlin

DIE GOLDENE REGEL

Sei dir bewusst, dass du große Herausforderungen bewältigen musst, aber für viele deiner Schüler ein sehr wichtiger Mensch sein kannst!

Besonderheit: Interkulturelles Wissen

Da viele Schulen – gerade auch Brennpunktschulen – auch oder hauptsächlich von Schülern mit Migrationshintergrund besucht werden und so vielerlei Kulturen aufeinandertreffen, kann ich dir als Lehrkraft nur raten, dir interkulturelles Wissen anzueignen. Was du im Folgenden liest, ist natürlich kein Komplett-Training, aber ein paar wichtige Punkte lernst du kennen und die machen dir deine Arbeit vermutlich leichter.

Vor noch nicht allzu langer Zeit durfte ich von der Leiterin unserer Stadtteilmütter-Gruppe, wie schon erwähnt, vieles und vielerlei über ihre eigene Kultur und die anderer Mütter mit Migrationshintergrund lernen. Ich staunte, wie viel mir auch nach so vielen Jahren Lehrerinnentätigkeit noch neu war.

Wertschätzung der Mehrsprachigkeit und der Vielfalt der Kulturen

Immer wieder gibt es Lehrkräfte, die die Tatsache, dass Schüler und deren Eltern die deutsche Sprache noch nicht gut beherrschen, wie einen Vorwurf vor sich hertragen. Dabei könnten und sollten sie zum einen der Muttersprache Wertschätzung entgegenbringen, zum anderen der Mehrsprachigkeit Respekt zollen. Dieser Respekt kann in vielerlei Form gezeigt werden. Hier nur ein paar Beispiele:

- Begrüßungsformeln oder Glückwünsche in vielen Sprachen auf Plakaten, Schulhaus- und Klassenzimmerwänden
- die Bitte, immer mal wieder Texte in der Muttersprache zu schreiben und vorzulesen
- die Sichtbarmachung der Mehrsprachigkeit (siehe Abbildung unten)
- die Bitte zu dolmetschen (wenn es nicht gerade die eigenen Eltern sind, denen bei bestimmten Anlässen vielleicht nicht allzu nah an der Wahrheit übersetzt wird)
- das Sammeln von gleichbedeutenden Wörtern aus allen in der Klasse vorhandenen Sprachen (wobei sich manchmal herausstellt, dass die Wörter von Schreibweise und/oder Klang erstaunlich nahe beieinander liegen)

Name	**Ich spreche diese Sprache/n zuhause mit meiner Familie**	**Ich spreche außerdem noch diese Sprache/n**

Wie mit der Sprache verhält es sich mit Traditionen, (religiösen) Festen und Ritualen. Alleine durch Gelegenheit, darüber zu erzählen, wie „das bei ihnen ist", erfahren Schüler und ihre Kultur Wertschätzung. Nicht selten werden auch hier Gemeinsamkeiten festgestellt. Aber selbst wenn sich vor allem Unterschiede herauskristallisieren, ist das Akzeptieren der Gegensätzlichkeit eine gute Übung in Toleranz

Sensibilität für Diskriminierungen

Wer an einer Schule unterrichtet, die von sich stigmatisiert, diskriminiert, auf jeden Fall aber in irgendeiner Form benachteiligt fühlenden Schülern besucht wird, muss besonders sensibel dafür werden.

Der Lehrerflüsterer empfiehlt: Keiner sagt, dass du Kuschelpädagoge sein oder nur noch im Säuselton mit deinen Schülern reden sollst, aber jede abwertende Äußerung wird deine Schüler ganz besonders treffen und euer Verhältnis beschädigen.

Bewusstsein für die Möglichkeit interkultureller Missverständnisse

Du hast es sicher schon oft bemerkt: Der Ursprung vieler menschlicher Konflikte und Zerwürfnisse liegt in Missverständnissen. Eigentlich nur zu logisch, dass es die besonders auch an Schulen gibt, wo so viele Menschen unterschiedlicher Kulturen aufeinandertreffen!

Der Lehrerflüsterer empfiehlt:

Ein klassisches Missverständnis ist dir vermutlich längst bekannt.
Wenn wir sagen: „Schau mich bitte an, wenn ich mit dir rede!", fordern wir Aufmerksamkeit und Respekt ein und neigen dazu, uns zu ärgern, wenn Schüler unsere Bitte nicht befolgen.
Dabei ist genau DAS für viele Kinder aus anderen Kulturen respektlos: der Respektsperson ins Gesicht zu sehen.

- Wenn du die Bitte äußerst, weil sie dir wichtig ist, dann ziehe zumindest in Erwägung, dass ein Nichtbefolgen alles andere als böswillig ist.
- Oder sag wenigstens, dass dir bewusst ist, wie unterschiedlich ihr da tickt – du und dein Schüler. So versteht er dich und dein Ansinnen immerhin.

Bewusstsein für die Andersartigkeit der Werte

Unterschiedliche Wertehierarchie: Es geht nicht um die Be- oder gar Abwertung anderer Werte als der uns gewohnten, sondern um ein Akzeptieren der Tatsache, dass das, was wir für besonders wichtig halten, eben relativ ist.
Wunderbar deutlich und ohne große Mühe lässt sich dies mittels einer Wertehierarchie demonstrieren. Wenn Menschen aus unterschiedlichen Kulturen, Ländern und Bildungsschichten Werte von „sehr wichtig" bis „überhaupt nicht wichtig" ordnen, ist das

Ergebnis vermutlich nicht nur unterschiedlich, sondern öffnet allen Beteiligten auch die Augen.

Wechsle mal die Perspektive!

- Ordne zunächst die Begriffe danach, wie wichtig sie dir sind: Bescheidenheit – Gastfreundschaft – Hilfsbereitschaft – Disziplin – Gehorsam – Religion – Ehrlichkeit – gute Manieren – Respekt vor alten Menschen – Familienbindung – gute Schulbildung – Selbständigkeit – Selbstvertrauen
- Überlege dann, wie wohl dir nahestehende Menschen dies ordnen würden.
- Lege es ihnen vor, nachdem du dir dies überlegt hast.
- Lege es dann erwachsenen Menschen aus anderen Kulturkreisen vor.
- Und zuletzt: Lege es deinen Schülern vor, sofern sie das Grundschulalter hinter sich gelassen haben.

Wird dir langsam klar, wie unterschiedlich die Dinge bewertet werden und welche Folgen aufs Verhalten diese unterschiedliche Bewertung haben kann?!

Alleine, wie „Gehorsam" eingeordnet wird, dürfte staunen lassen. Wie fühlt es sich für einen Jugendlichen an, eine Schule zu besuchen, in der viel diskutiert wird, wenn er aus einer Familie kommt, die Gehorsam hoch hält? Kann es sein, dass es ihm im Innersten wie eine Schwäche erscheint, dass man hier nicht spuren muss?

Immer wieder habe ich mich über Unehrlichkeit geärgert, manchmal habe ich mich regelrecht gegrämt: Warum sagen mir Schüler, die wissen, dass ich ihnen bei Ehrlichkeit nicht den Kopf abreiße, partout nicht die Wahrheit? Bis ich erfuhr, dass viele meiner Schüler aus Familien mit „Schamkultur" kommen. Ehe sie riskieren, dass sich ihre Familien für sie schämen müssen, lügen sie lieber, solange es geht, und rücken erst mit der Wahrheit heraus, wenn es gar nicht mehr anders möglich ist. Seit ich dies weiß, leide ich zwar noch immer, wenn man mir nicht die Wahrheit sagt, aber ich interpretiere das Verschweigen bzw. Lügen anders.

Es lohnt sich also durchaus, wenn du so viele Informationen wie möglich über das Herkunftsland, die Kultur, die Religion und die Lebensweise der Menschen sammelst, mit denen du so intensiv zu tun hast.

Der Lehrerflüsterer empfiehlt:

Hier ist die Empfehlung ein zweifaches ACHTUNG!

- Achtung, in Untersuchungen hat sich herausgestellt: „Milieu geht vor Ethnie!" Dies heißt, dass sich jenseits von Ethnie, Nationalität und Kultur Menschen ähnlich sind und sich ähnlich fühlen, die aus einem ähnlichen Milieu kommen. Es kann also sein, dass ein türkischer und ein deutscher Akademiker sich viel besser versehen und sich viel näher fühlen als ein deutscher Akademiker und ein deutscher Bildungsabbrecher. Dies zu wissen, schadet ganz bestimmt nicht.

- Achtung, manchmal werden Menschen hier wie Analphabeten behandelt, weil sie keine lateinische Schrift beherrschen. Dabei können sie sehr wohl schreiben, waren in ihrer Heimat vielleicht sogar Ingenieure, Ärzte, Lehrer. Sie sind hier ebenso als Geflüchtete angekommen wie Menschen mit sehr niedrigem Bildungsniveau. Doch die Lebensauffassungen und Lebensweisen können sehr unterschiedlich sein.

Bewusstsein für die Bedeutung der Religion

Wechsle mal die Perspektive!

Egal, ob du selbst gläubig oder bekennender Atheist bist – respektiere die Religiosität deiner Schüler.

- Stell dir vor, du lebst in einem Land, das die Sache mit der Religion ganz anders sieht als deine Familie. Wie würde sich das wohl anfühlen?
- Denk daran, dass in krisen- und kriegsgebeutelten Ländern die Würde des Menschen sehr wohl antastbar ist und die Religion einen wichtigen Halt darstellt!

● Versuch dir vorzustellen, wie bedrohlich es sich für Eltern, denen die Religion extrem wichtig ist, anfühlen kann, wenn sie befürchten, dass von der Schule/den Lehrern ihre Art der Religiosität nicht respektiert wird!

Bewusstsein für andere Einstellungen zu und Erwartungen an Bildung, Erziehung und Schule

Nur weil wir ein Schulsystem wie das unsere gewohnt sind, ist es noch lange nicht auf der ganzen Welt wie bei uns. Und nur weil viele Kinder und Jugendliche aus anderen Teilen der Welt bei uns zur Schule gehen, kommen ihre Eltern und sie nicht automatisch mit unserem Schulsystem zurecht.

Der Lehrerflüsterer empfiehlt:

Falls dir jetzt der Satz „Wer sich integrieren will, muss sich anpassen!" auf der Zunge liegt: So einfach ist das nicht! Einstellungen, die man mit der Muttermilch aufgesogen hat, wirft man nicht so einfach über Bord, auch dann nicht, wenn man extrem integrationswillig ist.

Wechsle mal die Perspektive!

Stell dir vor, du ziehst mit deinen Kindern in ein fremdes Land. Es ist dir sehr wichtig, dich dort möglichst schnell zu integrieren. Dann passieren an der neuen Schule deines Kindes wahlweise folgende Dinge:

- Die Lehrer gehen wenig wertschätzend mit deinem Kind um.
- Die Lehrer schlagen dein Kind, damit es ordentlich lernt.
- Die Lehrer lassen dein Kind seitenweise Inhalte auswendig lernen, die du unwichtig findest.

Und jetzt mal ehrlich: Würdest du all dies friedlich akzeptieren, weil du dich ja integrieren möchtest? Würdest du innerlich in Opposition gehen? Würdest du deinem Kind sagen, dass es sich das nicht gefallen lassen muss? Würdest du in der Schule auf Konfrontation gehen?
Egal, wie deine Antworten ausfallen: Ich hoffe, du erkennst, dass es nicht SO einfach ist, alles zu akzeptieren, was in anderen Ländern gang und gäbe ist.

Tatsache ist, dass das Bildungssystem in Deutschland als familienergänzend und -unterstützend bezeichnet werden kann und nicht als familienersetzend. Genau SO aber funktioniert das Bildungssystem in vielen Ländern, aus denen Menschen nach Deutschland kamen.

Gerade Familien mit wenig Bildung halten an dem fest, was sie seit Generationen vom Heimatland gewohnt sind. Es fällt ihnen nicht leicht, sich umzustellen, denn in ihren Augen ist sehr vieles Aufgabe der Institution „Schule". Das, was die Schule in Deutschland von ihnen erwartet, wollen sie nicht nur nicht leisten, sondern sie können es auch nicht – mit Folgen:

- Wenn ihr Kind sie um Hilfe bittet und sie überfordert sind, spüren sie Stress und Scham.
- Manchmal entstehen so auch Aggressionen, weil sie vor ihren Kindern nicht als inkompetent dastehen wollen.
- Sie schieben die Schuld aufs deutsche Schulsystem, dem sie die negativen Gefühle in ihren Augen verdanken.

Der Lehrerflüsterer empfiehlt:

- Werde nicht müde, das deutsche Bildungssystem immer wieder geduldig zu erklären!
- Bedenke, dass viele Menschen aus anderen Ländern nicht zugeben wollen, dass sie es „immer noch nicht verstanden" haben, weil sie sich dabei schämen würden.
- Rechne damit, dass die Eltern deiner Schüler bei Beschwerden hinsichtlich Verhalten und Leistungen ihrer Kinder denken könnten, DU seist es, der die Schüler nicht im Griff hat.
- Wundere dich auch nicht, dass deine Schüler dich immer wieder austesten. Vielleicht können sie es nicht

fassen, dass hier eine Lehrkraft vor ihnen steht, die noch nicht einmal zuschlagen DARF.

Lehrertypen
DIE DURCHGREIFERIN und DER SENSIBLE

Wie im Kapitel „Andere Erziehungsstile" schon erläutert, kommt eine deutsche Lehrkraft, die an die autoritäre Erziehung anknüpft, die die Kids gewohnt sind, von Haus aus besser mit ihnen zurecht. Und wenn sie dabei die Wertschätzung nicht missen lässt, ist vermutlich vieles gut.

Noch einmal aber gebe ich zu bedenken, dass die sensible, auf Wertschätzung setzende Methode zwar länger dauert, aber eine nachhaltigere Wirkung haben kann – auf dass sich langsam, aber sicher etwas ändere.

Illustration: © Sarah Humeniuk, Berlin

Wissen über unterschiedliche Kommunikationsstile

Was uns Lehrern auch nutzen kann: ein Bewusstsein für zwei extrem unterschiedliche Arten von Kommunikationsstilen.
Während wir dazu neigen, direkt auf den Punkt zu kommen – als Redestil „direkt“ oder „sachlich“ genannt – und keine Zeit mit „Reden um den heißen Brei“ oder „durch die Blume“ vergeuden wollen, ist es in vielen Ländern üblich, sich dem eigentlichen Thema erst sehr langsam – wir würden es „umständlich“ nennen – zu nähern. Bei diesem „indirekt“ oder auch „persönlich“ genannten Redestil wird erst am Vertrauen und an der Beziehung gearbeitet. Dies lässt sich unter anderem damit erklären, dass es gerade in Ländern, in denen Unsicherheit herrscht, an sicheren Beziehungen und Vertrauen fehlt. Dies wirkt sich auf die Kommunikation aus. Nicht nur Worte spielen hier eine Rolle, sondern auch Stimmlage, Körpersprache, Mimik, Gestik, Augenkontakt, Sprachmuster und Verwendung von Sprechpausen. Selbst Hinweise auf frühere Begegnungen, auf den Status und auf gemeinsame Freunde werden übermittelt. Und natürlich hängen die Menschen an ihrer Art zu kommunizieren. Immerhin sind sie es genau SO gewohnt.

Der Lehrerflüsterer empfiehlt:

- Wenn du mit Menschen aus einem anderen Kulturkreis sprichst, bedenke bitte, dass du möglicherweise weniger wertschätzend wirkst, als dir bewusst ist – einfach durch die Art deines Kommunikationsstiles!

- Ziehe in Erwägung, dass dein Gegenüber, wenn es sich selbst „klein" fühlt, eher ein ängstliches Verhalten zeigt, viel schweigt, nickt und so wirkt, als höre es dir gut zu, was nicht stimmen muss!
- Rechne auch damit, dass dein Gegenüber, wenn es sich als eine Person empfindet, die etwas zu sagen hat, möglicherweise respektlos und aggressiv auf das reagiert, was du ihm sagst, weil er dies als Vorwurf empfindet!

Mir hat die bereits mehrmals erwähnte Eylem erzählt, wie fasziniert sie davon ist, die Dinge in Deutschland einfach direkt ansprechen zu können. Aber sie gibt zu, dass es ihr bis heute schwerfällt.

Es ist also kein Wunder, dass in der Kommunikation nicht alles rund läuft. Mit unserer direkten Art sind wir für andere Kulturen nicht immer gut auszuhalten und einzuordnen – auch wenn sie allmählich geschätzt wird, weil man einfach weiß, woran man ist.

DIE GOLDENE REGEL

Wenn du nichts über andere Kulturen weißt, bleiben sie dir fremd und unverständlich. Je mehr du über sie weißt, umso besser verstehst du die Menschen aus diesen Kulturen und umso mehr kann dieses Wissen und Verständnis dein Leben bereichern. Der Blick über den Tellerrand ist IMMER zu empfehlen!

Die zehn Gebote für die Arbeit an der Brennpunktschule

1. Verlier nie aus den Augen, dass du eine bunte Mischung aus Individuen vor dir hast!
2. Verlier nie aus den Augen, dass jedes dieser Individuen seine höchst persönlichen Probleme mit sich herumträgt!
3. Bemühe dich immer wieder darum, die Welt, die Schule und deinen Unterricht mit den Augen deiner Schüler zu sehen!
4. Nimm deinen Schülern und ihren Eltern nicht übel, wenn sie sich so ganz anders verhalten, als du es richtig findest, aber mache auch deine Position klar!
5. Gestatte dir keine Überheblichkeit gegenüber deinen Schülern und deren Eltern!
6. Verlier bei allem Stress nicht aus den Augen, dass du deine anstrengende Arbeit nicht nur überstehen, sondern dass du deine Schüler bestmöglich fördern sollst!
7. Versuche immer wieder, deine Schüler vor Herausforderungen zu stellen, an denen sie wachsen können!
8. Verabschiede dich von zu großen Ansprüchen an dich selbst und wertschätze jeden noch so kleinen Erfolg!
9. Vergiss nicht, dass das Potenzial vieler Bildungsaufsteiger nicht von ihren Lehrern erkannt wurde, und gehe deshalb auch nicht davon aus, dass ausgerechnet DU erkennen kannst, welches Potential in schwierigen Schülern steckt, sondern ziehe zumindest in Erwägung, dass da viel mehr ist, als man sehen kann!
10. Betrachte deine so besonders anstrengende Arbeit als Herausforderung des Lebens, an der du nicht zerbrechen musst, sondern an der du wachsen und reifen kannst!